알쏭달쏭을 송알송알 겪어보고

알쏭달쏭을 송알송알 겪어보고

유동희

현대시학시인선 150

ㅎ|ㅅ

* 시인의 말

짐꾼 나귀가 걷는 벼랑길

추락의 내부는 아무 날에나 있다

돌이 굴러떨어지는 소리 귀에 가득하다

아무런 위안이 되지 못하는 날들을 기리려 한다

2025년 1월

유동희

차례

∶ 시인의 말

1부 너울너울 너울너울

조각보	10
시의 잔등에 올라타다	12
당신에게	14
기차를 타고	16
고요	18
알쏭달쏭을 송알송알 겪어보고	20
겨울 바다	23
북두칠성 좌표	24
길은 모르쇠	27
추석 보름달	32
12월 31일	35
이 밤은	36
곳간과 곳집	38
수족관	40
하늘정원	42
시네마 천국	44
보름달	47

2부 은발이 바람에 나부끼면

바람 부는 날	52
정오의 꽃다발	53
수레국화	54
장마	56
새우잠 한 봉지	58
빨강	61
연잎을 보다	62
벚꽃 블루스	64
은발이 바람에 나부끼면	66
어머니의 수틀	68
등대에서 휘파람을	70
오래가는 냄새	72
누에치기	74
조양강 푸른 물에	76
낙화	79
염천	80

3부 물 뚝뚝 흐르는 알몸

새해	84
여명	85
성남동 옛집	86
서른아홉 살	88
억압	90
싹둑싹둑	92
물 뚝뚝 흐르는 알몸	94
오, 기쁜 난	96
팽이	98
귀뚜라미	101
황혼 무렵에 우리는	102
정오	104
일요일	106
화진포	108
보자기	110
흉금	112

∷ 해설

어긋물림의 방식으로 표현되는 경험적 총체의 시 | 정명교(문학평론가)

1부

너울너울 너울너울

조각보

모란이 벙글고 잉어가 솟고

화조가 노니는 명주 비단 병풍을

바라고 시작한 바느질이 아닙니다

늙은 침모의 반짇고리에서 찾아낸

녹슨 바늘귀 허리 자주 끊기는 실꾸리

삭은 가윗날 데리고 하는 바느질

어기여차 풍랑을 들이받으며

어두운 밤바다 노 저어가는

바느질입니다

이리저리 치이고 차인 자투리 헝겊

버리지 않고 보물인 양 모아둔

세월 속내가 궁금해서 시작한 바느질입니다

먼 옛날 햇빛에 떨리던 칠보 화환

족두리 내려치던 망나니 칼춤

발등에 떨어져 나뒹굴던 구슬 알갱이

몸뚱이 단단히 탈이 난 산산조각

헛웃음에 볼이 터진 하오의 살점들을

기억합니다

자투리 헝겊

아픈 솔기 잇대고 맞대어

시접 곱게 접어 꿰매면

명년 봄에 새 몸 받아 다시 태어날 조각보

흠집 없는 목숨의 영토에 닿고 싶어

하늘 닿는 탑돌이 소원 바느질을 합니다

시의 잔등에 올라타다

이제는 시시하고 사소한 밥이 입에 맞으며

흉악하고 앙칼진 꿈이 눈에 맞으며

눈비 맞아 마음 저린 옷이 몸에 맞으니

모래 무릎으로도 벼랑 끝 기어오를 수 있고

썩은 서까래로도 아흔아홉 칸 지붕 올릴 수 있고

쇠막대 벼린 바늘로도 색동저고리 설빔 꿰맬 수 있다

살아있는 동안 너여,

상처 속 고름 주머니를 풀어

동짓달 가마솥에 넘치도록 쇠죽을 끓여라

불타는 죄의 아궁이에 청솔가지를 지펴라

구들장을 태우고도 남을 불의 애욕으로

앞산 뒷산 소나무 때려눕혀라

살아있는 동안 너여,

마른 수수팥떡 갈애의 목젖이여,

부뚜막에 걸터앉아 소금단지 왕소금을

물 없이 세세만년 찍어 먹어라

당신에게

당신이

건너편 산등성이에서 빛나는

가을 억새의 은빛 숨결로

저를 불러주신다면

부랑자 흩어진 살결을 쓸어 모아

철 지난 제비꽃의 기억을 소환하여

묵묘 상석 앞에 무릎 꿇고 앉아

오래도록 꺼지지 않을

연보랏빛 소지를 올리겠습니다

당신이

폐사지 깨진 기왓장에 발을 딛고선

칼바람 매운 향기로 저를 불러주신다면

밤의 들판을 고요하게 흘러가는

은하수 긴 꼬리 강물에

대낮 피범벅을 헹궈내고

무한천공을 배밀이로 기어가는 천애 고아

초승달의 젖어미가 되겠습니다

기차를 타고

이것은 아무래도 버즘나무
녹나무 피나무 옻나무 따위
재수 옴 붙은 불운의 기차

얼굴을 감싸 쥘 때마다
떨어져 내리는 속눈썹
넓적한 우울의 손바닥
피로의 발바닥을 매달고
사철을 견디는 기차
대낮에 무릎을 꿇고
머리를 조아리는 기차
아주 먼 옛날의 기차

이제 간신히 저물녘에 당도했으니
녹슨 레일에 기름칠하리라
생간을 소금에 찍어 먹으리라
노란 레몬을 코에 문지르리라

목울대에 푸른 미나리즙을 바르리라

기차 화통 한 접시만큼은 망설이지 않고 삶아 먹으리라

대낮의 노심초사들

코뿔소 콧김으로 휙휙 다 날려주리라

혼례를 앞두었으니

기차를 타고 어디로든 가야지

멀리 가는 백합 향내를 좇아가야지

홍방울새 깔깔 웃음을 좇아가야지

고요

그는 졌다

놋대접만 한 포부가 열리는 과수원

한 입 깨물면 응어리가 콩죽처럼 쏟아지는 보름달

한 발 내딛기만 하면 풀물이 수로를 따라 내달리는 강둑

얼굴이 허물어지도록 웃는 백야의 태양 저물지 않는 극지의 밤

바다 기슭에 피어났다 스러졌다 또 피어나는 커다란 물꽃 환영

그는 바람결 물결 숨결 순결 얼떨결 지국총 어사화 데리고 노닐다

표지 화려한 책을 덮었다

이제 그의 뇌리는 희다

그는 졌다

가위바위보 놀음에서

술래의 패를 뽑아 들었다

평생 무얼 찾아 헤매다니긴 했는데

끈끈이 풀이 달라붙은 개미지옥 앞에서 멈춰 섰다

그는 젖은 종이에 무슨 글씨인가 깨알같이 쓰긴 썼는데

찢어진 종이, 바닥 아래로 술술 도망간 개미 문장들 때문에 백지가 되었다

드디어 그의 뇌리는 텅 비었다

알쏭달쏭을 송알송알 겪어보고

당신이 허구한 날 낚싯대를 들고 바닷가를 찾아가
부서져 반짝이는 윤슬을 낚아 올리는 거랑 비슷해요
저 지금 시의 개마고원 침엽수림 장대비 속을 달리고 있어요
천관마가 내닫는 기녀의 집 익숙한 길 접어들었다 해도
애꿎은 저녁 말대가리 긴 목을 치진 않을래요
이 매혹을 이 유혹을 이 언어 사범을 이 몽유를
다 들이켜고 나면 배가 남산만큼 부르겠습니다만
손에 든 납 주물 잔을 내려놓진 않겠어요
비소와 수은을 머금은 입술이 새파랗게 질려도 아름답다 말할래요

첩첩산중 무인지경이니 수숫대 자줏빛 손목이라도 붙잡고 싶겠지요
근본 없는 생 낱알을 손 베일 듯 훑어 먹었다고 나무라진 않을래요

곰삭은 거라야 배탈 나지 않을 테니 서쪽 토굴 어리굴젓
익을 때까지만 기다리라 귀띔해 줄래요
성배 마시고 빌붙어 연명하기
독배 마시고 제풀에 나동그라지기
담벼락의 표어는 못 본 척할래요

이가 근질거려서 침묵 밑동을 갉아 먹어요
토끼 이빨이에요 쥐 이빨이에요
당신이 줄칼을 주서도 손톱 다듬듯 매끈하게
혀끝을 궁굴릴 재간이 있는 건 아닙니다만

더 살아보고
더 알쏭달쏭을 송알송알 겪어보고
어리둥절에 엉덩방아를 짓찧어보고
파도의 힘센 따귀에 흰 뺨 다섯 줄 손자국 나보고
바윗돌 쇳돌 숫돌 곱돌에 강직에 떠는 몸을 갈아보고

부리를 쪼아 검붉은 맨드라미꽃 아하하 흩날려보고

깃털을 잡아 뜯어 복날 백숙으로 헐벗어보고

더는 머리 수그릴 바닥이 없어지는 날에

더는 떠내려갈 강물이 없어지는 날에

더는 그리워할 바다가 없어지는 날에

더는 토해낼 검은 고요가 없어지는 날에

대양을 날아가는 커다란 불새 한 마리

알몸에 빽빽하게 황홀의 깃털이 돋은 불새 한 마리

눈부신 찬란 눈부신 착란 눈부신 도착을 안아보겠습니다

겨울 바다

겹겹의 몸을 일으켜 세워

육탄공격으로 돌진하는

포효하는 강타하는

후려치는 패대기치는

군림하는 폭정을 펼치는

할복하는 처단하는

허나

더는 다가갈 수 없는

금기의 사랑 앞에

억겁의 시간에 쪼개진

모래알을 물고

제 왔던 자리로

후줄근히 되돌아가는

사내

북두칠성 좌표

달빛 환한 밤에 울려 퍼지는
그분의 음성
일어나라,
일어나라,
네게 때가 임한 것을 아직도 모르느냐,

습기 찬 무릎 아래 발 저린 목발을 흔들어 깨워야지
꼬깃꼬깃 접혀 살 속으로 녹아든 고공비행의 추억
격납고에서 구름 빛 날개를 꺼내 수선해야지
공중부양 실력이 일취월장한
민들레 홀씨를 수양딸 수양아들 삼아야지
터키식 애드벌룬 바구니에 올라타야지
솔개 잔등에 사뿐히 올라타야지
활주로를 따라 솟구쳐 올라가야지

한낮을 드높이 뛰노는 구름과 소소리바람 병정과는

부딪치지 말아야지

네 살을 파헤치고 네 어깨를 짓누르고

네 척추를 굽게 만든 자들의 머리 위를

천연덕스럽게 날아다녀야지

물 위에 비친 네 그림자를

저승인 듯 내려다봐야지

배가 터진 차력사의 부레를 건져 올려야지

엄마…

이부자리가 교각 아래로 떠내려가요

마음이 갈라져요

혀가 만 갈래로 찢어져요

대팻밥처럼 깎이고 밀리는 눈물 탓

오리무중 안개꽃 탓

제 꿈길은 제 갈 길로 들어서지 못했다고

참을성 없는 고백을 해요

이정표를 세워주세요

목각인형이 쓰러져 누워있는 길섶에 나침반을

던져주세요

북두칠성 좌표를 쐐기인 양 꽝꽝 박아주세요

길은 모르쇠

주근깨가 물밑 차돌처럼 환하던 소녀의
얼굴 위에 차압딱지 붉은 스티커가
횡으로 종으로 붙여졌어
오전에 미래를 입에 물고 산등성이 아래로
굴러 떨어진 아이들의 행방이 묘연하기에
삼천갑자 동방삭의 천수를 누리지 못한 바람
명줄 짧은 넋을 풀어 구천 갈대밭 울음 갈피
뒤져봤더니

한번 걷어찬 돌부리는 덧나기 십상
변방 만리장성 근처에 새끼에 새끼를 치기 십상
도둑괭이 오염수 사탕부케 핑크판도라 꽃
기침 끝에 모진 각혈방울을 터트리고 있네
어깨동무 어깻죽지에 얹힌 새빨간 단풍잎
곧 죽어도 오리발 설레발 공갈빵 익반죽
잎마름병 도진 큰물에 삽을 벌리고 있네

동토의 달력에 시린 밑그림을 그려 넣고 있네

눈알이 터진 역병은 시래기 배춧국에 넣고
푸지게 끓인 총알자국 같은 것 한 뚝배기
퍼먹을 때마다 어금니에 지뢰를 매설하네
까짓, 매일 씹어 먹는 파탄의 예감이야말로
이빨 뚝뚝 부러지는 북녘 같은 것
뭐가 어때? 뭐가 어때서?
어어어 난리도 아닌 땟국물이 뱃속에서
부글거리다가 죽은 바다가 기다리는 강
하류 쪽으로 몸을 풀러 가고 있네
안녕? 안녕? 안녕치는 못해도
구부러진 대못 엄지손가락을 치켜세운
쩍벌다리들 파국을 향해 벌벌벌
떠내려가고 있네

모래시계 거꾸로 피가 몰린 시간 알갱이들

들판마다 쑥대밭과 엉겅퀴와 가시덤불의 연대
분초를 다퉈 협잡꾼 은근짜와 조합을 결성할 때
매듭 엮어 담합을 할 때 날아가는 참새를 붙잡다
들뛰는 오소리를 붙잡다 광장에 무릎을 꿇릴 때
불온한 공기를 민대머리로 적법하게 만들기 위해
코와 입술에 붙은 눅눅한 얼굴을 털어내기 위해
홍등이 빗줄기 거센 뺨에 색골 웃음을 그려 넣을 때

새벽녘에 홰대에 앉은 닭이 눈으로만 우는
시늉할 때 알아봤어야 했나
곪은 해가 납덩이 해로 안색을 바꿀 때
밤 내내 근심하던 물고기 별자리가 은하수
맹물에 덜 삭은 회색 밥찌끼 두통거리를
우수수 쏟아낼 때 명경 같은 눈초리로
우뚝 알아챘어야 했나

달력의 날짜들이 무기력하게 땅바닥에 쏟아지고

놀새들이야 그런대로 쏘아보는 눈빛을 피해
틈새를 비집고 꽃놀이를 다녀왔다지만
길은 요지부동 난나나난 나는 몰라요 모르쇠
땅두더지한테 발목을 있는 대로 다 파먹혔네
붕괴 대갈장군 압사 대참사의 조짐을 아낌없이
즐기는 혀 입맛은 달디달아 아무런 놀랄 일이
일어나지 않았다네

흠, 흠, 흠⋯

이 아침에 한낮에 애저녁에 도무지 손쓸
일이라곤 없으니
상처의 시원을 꿰뚫지 않는
딴딴한 고름주머니를 벌리지는 않는
송곳과 드릴과 가위와 바늘의 무용지물만이
암각화에 돋을새김으로 스며들고 있네

좌절을 죄질로 여긴 경범죄 사범들만이

가벼운 깃털을 북북 솎아내며

뒷걸음질로 뒷걸음질로 제가 지닌

벼랑 아래로 쌩하니 몸을 날리고 있네

추석 보름달

이가 시린 물의 마음을 한바가지 마셨어

숯이 된 뼛골의 설움을 추려냈어 더러운

진창에 빠진 발을 씻어 부뚜막에 말렸어

긁고 싶어 안달이 난 손톱을 다 먹어치웠어

옻이 올라 가려운 몸뚱이를 껍질째 벗겨냈어

모서리를 다듬은 새로운 국면으로

한섬 해변에 통째 떠오른 달님

약탕관이 터지도록 징그럽게 졸인 뇌수 고약은

깜빡 잠든 밤 찡그린 미간을 복구할 눈썹연필

예민한 촉수에 발라줄 거야 묽은 생각의 물감을

짜내어 팔레트에 덧붙일 거야 검은 먹지를 댄

유리창에 별무늬 자잘한 안감을 덧댈 거야

모자라는 빛이 도망가지 못하게 할 거야

허리띠를 졸라맨 울혈이 흰 벽지의 그을음을
이해하는 밤이야 자정의 난간에 스며든 밤새
울음소리를 이해하는 밤이야 얼룩덜룩 요란한
줄무늬 새끼를 낳은 들고양이 삶을 이해하는
밤이야 삭은 로프에 간당간당 몸을 맡기고
벼랑 꽃 한 대궁을 피워내는 모오든 안간힘을
이해하는 밤이야

울 뻔한 얼굴의 주룩주룩 입술 처짐을
턱 받침 꽃받침으로 고쳤으니 다행이야
귀고리 반지 목걸이 예쁜 허공을 찼으니
쇠고랑 대신 짤랑거리는 팔찌를 찼으니
다행이야 은구슬 목소리 굴러가는 장식용
구관조 앵무의 노래가 보탬이 되었다니
다행이야 아직까진 여기까진 무죄야
아침과 저녁에 떠먹는 아카시아 꿀이야

꾹 누르면 뽀얀 젖이 솟구치는 아기인형

뱃구레를 돌볼 수 있으니 다행이야

안심하고 살아도 된다며 칼을 감춘 복장을

둥둥둥 치다보면 둥근 북이 될지도 모르지

어금니로 짓누른 껌의 짓밟힘이 자라서

이뿌리를 파고드는 치통이 될 거라는

귀뚜라미 허약한 노래는 이제 그만

한섬 달님

헛소문 퍼뜨리는 미인 같네

사는 게 꿈결 같네 꿈속에서 만나는

꿈결이 좋아서 당신이 던져주는 밀떡

만나가 좋아서 오늘도 나는 커다랗게

입을 벌리고 있네 당신 몸속에 빈대

머리를 새카맣게 욱여넣고 있네

12월 31일

거기 발 동동 구르는 엄마 백곰이

유빙을 타고 흘러가는 아기 백곰이

봄눈 녹듯 스르륵 무너진 잇몸이

백날을 타고 있는 산불이

끓일수록 묵사발이 되는

사골 국물 설운 농담이

오늘

싱거운 이 녘 혼자

썩은 새끼줄 요령을 흔들어볼

요량입니다만

어찌 알고

저녁답 노을이

붉은 눈시울 한 채를

손수건도 없이 건네줍니다

그려

이 밤은

이 밤은 이상한 밤이야

이 밤은 보통 밤이 아니야

저승사자가 문패를 쪽쪽

핥는 밤이야

고라니 떼 북풍 얼음발로 돌아다녀

무명씨 할마시 잡으러 돌아다녀

빈 젖가슴 옷고름 풀어헤쳐

송곳니로 치맛단 부욱 찢어

팔삭둥이 아기인형을 치켜들어

상처가 덧나

회한이 밀려들어

비명을 삼킨 방범창 걸쇠

늑골에 흑수선화가 흑흑 피어나

지푸라기 아기인형

숨기긴 숨겨야겠는데

이토록 덧거친 흉몽이라니

이토록 젠장맞을 악몽이라니

이 밤은 보통 밤이야

이 밤은 이상한 밤이 아니야

곳간과 곳집

곳곳에 곳간,

그곳에선 매일 머리카락과 손톱과 발톱이 자란다

늙은이는 흰머리가 돋고 갓난쟁이는 배냇머리 털이 빠진다

기록을 경신하고 비듬을 털어내고 관절에 초칠을 하고

한밤중에 풍등은 하늘로 떠오르고 등대는 길 잃는 목선을

발밑으로 은근슬쩍 불러 모은다

슬하의 새싹들은 촌음을 다퉈 마당을 채우고

젊은이는 장대높이뛰기를 해 살찐 달을 따온다

수렵은 싱싱하고 갓 따온 열매의 즙은 술틀을 메워 자욱한 취기를 연방

흘리니 넘칠 것은 넘치고 부풀 것은 트림과 함께 병마개를 뻥 터뜨린다

곳곳에 곳집,

그곳에선 매일 배불뚝이와 홀쭉이와 키다리와 난쟁이가 혼음을 한다

혼자 먹기엔 너무 기다란 젓가락, 먹여주기엔 너무 짧은 젓가락

 허기가 뱃가죽을 들이마셔도 소금사막의 소금 포대는 낙타 등에 올라탄다

 바람은 무성한 풍문을 땋아 가발집 민머리 주인의 결핍을 수북하니 채워주고

 입에 담지 못할 전쟁은 일어나고 참화는 배후를 밝히지 못하고

 빌어먹을 명분은 부화기 속에서 왕대포알을 깐다

수족관

운동하러 주민센터 가려면
횟집 앞을 지나가야 한다

대형 수족관에는
느릿느릿 하늘하늘 우아한 유영
바다에서 잡혀 왔는지
양어장 출신인지
살집 좋은 고기들 많기도 하다

아직 썰리기 전이니 생선이라 부르지는
않겠다
도미회, 광어회, 매운탕이라 부르지는 않겠다

염라대왕 뜰 그물로 떠낼 때까진
꿈에도 모르겠지
뭔 일 일어날지 생각도 못 하겠지

오늘 아니면

내일 끝장날 목숨들

수족관 몽상가들

하늘정원

도마 잔등이 내뱉은 핏빛 물방울을
몇 순배 모주에 섞어 마신
인생을 곡진하게 믿으며
울음을 아껴 참았던 자들이
울먹울먹 모여드는 장마당

내 몸속에는 까마득히 젖은 눈으로
구천을 떠도는 눈물과
불 꺼진 마을을 지나는 야경꾼 딱따기소리와
닳아 뭉툭하게 엎딘 한낮의 구두창과
수다스러운 입질로 모가 난 배고픈 사랑이
한 덩이로 뒹군다오

봉분을 뚫고 나온 인기척을 모아
배회하는 팔다리뼈를 주워 모아
꿰매고 깁는 누더기 헝겊 바느질 집
밤의 피륙에 머리를 파묻고

박음질로 달려가는 재봉틀 소리

바깥세상 떠메고 다닐

몸의 형상을 마련하느라

쉴 새 없이 뒤척이는 바람 소리야말로

새로 이사 온 고인의

선잠을 깨우기에 안성맞춤 제격

살려고 했더니 죽습디다,

죽으려고 했더니 죽습디다,

안개 서린 늪지를 헤매는 망령

외진 나뭇가지에 올라 구름 아래

잠든 마을을 내려다보는 망령

세상천지 봉두난발로 발버둥 치는 망령

너울너울 밤이 새도록 너울너울

시네마 천국

마른 담쟁이가 월담을 그만둔 늦가을 저녁
낙엽은 젖은 볼에 달라붙고 고색창연한 청파다방 낡은
문이 열리고
은막의 여우, 스카프를 쓴 젊은 문정숙이
흐느낌과 함께 퉁겨져 나온다

우물물 길어주고 받은 삯으로 극장 잘 가던 옥석이 엄마
포마드 기름 발라 옆으로 곱게 넘긴 꼽추 남편은
남의 집 서방들처럼 패지는 않았지
머리를 구름처럼 얹은 백 마담은 한복차림으로
방석집 손님맞이에 바빴지
차주 남편은 바람 거느리고 밖으로 돌고
아가는 친정엄마 등때기 포대기에서 빠져나오질 못했지
그 엄마 극장이 지척에 있어도 구경 한번을 못 갔다지

여성 국극단이 정선극장을 빌려 호동왕자와 낙랑공주

공연을 할 때

남장 여인의 눈썹은 용맹하고 머리에 꽂은 꿩 깃털은 목소리가 굵었지

맹인 연주가들이 톱을 켜며 사시나무 떨듯 팔을 떨며 겨울바람 소리

이이이잉 지이이잉 뼈가 울리는 연주를 했지

굴곡과 질곡이 톱날을 씹어 먹을 때마다 극장 천장으로 싯누런 톱밥 회오리바람 날아올랐지

죽죽 비는 내리고 끊어진 필름을 황망히 기워가며

흑백영화는 끝끝내 끝을 향해 달려가긴 한다

쥐가 굴러다니는 극장 바닥에선 가끔 발을 들어줘야 한다

귀찮은 놈팽이가 가끔 오줌을 흘리는 바닥의 실개울은 참아줘야 한다

남의 손을 끌어다 제 뜨끈한 불두덩을 덮는 불상놈의

무례는

단칼에 슴벅 베어버려야 한다

기억은 송진처럼 질긴 거라

뒤죽박죽 과거와 훗날을 순서 없이 이어 붙여

한 편의 영화를 완성한다

극장 기도는 다음번 영화 프로를 예고한다

사운드 오브 무직, 영어단어장 들고 다니던 내가 비웃는다

무직이라니

보름달

오늘밤엔

손날을 칼 삼아 추억 많은 살을

깎아먹겠어요

언젠가 풀숲에 내다버린

여치 눈망울

눈밭에 태워버린 편지

실갗에 떨이뜨린 촛농

뜨겁다가 제풀에 식은

체념의 반점

잊은 환부의 이마에

아직도 뱀딸기 열꽃이 맺혀있다면

가을밭머리 서걱대는 수수밭목소리로

입맞춤하겠어요

석류의 파열음과 함께 익은 서릿발이
아직도 가슴을 들쑤시고 있다면
한 다발 묶어 제단에 헌화하겠어요
은은하고 시원한 둥근 심장 꽃병에
물맞이 폭포의 체온인 양 꽂아놓겠어요

오늘밤엔
바닷가에 치쌓인 조개무지
떠내려가 산을 이룬 신발 무덤
시간의 하구에 걸린
들새 발자국을 찾게 될지 몰라요

자색 비단 폭에 감싸
장롱 깊은 곳에 밀어둔
밤나들이 행장
다 늙어 차려입어도

물색 고운 발걸음

애인의 팔짱을 찾아낼지도 몰라요

그대여,

허리 꺾여 반절만 남은

그림자를 일으켜 세워요

멀미 심한 풍랑지대

속내를 게워내요

헛배를 쭈욱 짜내요

여기

어둠을 걷어차고 함박 피어난 등롱

차갑고 어여쁜 불송이가 있어요

우리 옛날이 되어

은빛 굴렁쇠를 굴리러 가요

2부

은발이 바람에 나부끼면

바람 부는 날

우리들 언제부터인가

지는 꽃잎이 눈물인 줄

알게 되었듯이

미친 듯 하늘 향한

나뭇잎들의 발돋움 손 뻗침이

퍼렇게 멍들어 뵈기도 하였듯이

바람 부는 날 묘지에 가거든

생각해 보아라

깊고 무거운 뿌리를 물고

꿈 없는 흙은 잠 깨지 않는데

발 묶인 자들의 하늘이

끝도 없이 푸르게 타오르는 이유를

정오의 꽃다발

바람 부는 날

태자 다방에 가면

불나기 쉬운 성냥 곽이 많았지

커피는 쓰고 달고 뜨거웠으니까

햇빛 좋은 날

화진포에 가면

빨다리가 노랑간 정인들이 많았지

입이 커다란 파도가 상어 대신

사랑을 뜯어먹고 갔으니까

수레국화

콧바람을 일으키며
갈기털을 휘날리며
고전영화 상영 전용관
은막을 빠져 나온
역마차

별똥별 긋는
야영지의 천막에서
하룻밤 묵어가시겠다면

갓 거둔 양식거리와 마실 물
두툼한 담요와 마른 장작단
몇 번이고 날라다놓겠습니다

해종일 달려온 지친 맨발에
빗방울 겹겹 입맞춤을

먼지바람 더께 얹힌 목덜미엔

꿈꾸는 보랏빛 꽃목걸이를

한 타래도 넘게 걸어드리겠습니다

장마

그 옷장 문을 열었다면

통통 부은 장화 발을 내려다보는

물 먹는 하마네 집 구역

주소지를 몽땅 외우게 되었다면

달팽이를 등에 업고 마당을 절벅거리는

물투성이 애인과 사귀게 되었다면

당신이 영영 젖은 옷 입기를 좋아하는

검은 우산 축축한 문장 체질 쪽으로

물빛 수국 꽃밭을 옮겨다 심었다면

마음의 정처를 다 옮겨다 심었다면

빗소리를 빙자해 통곡을 일삼는

술꾼의 늘어진 얘기 몇 가락쯤

귀 가까이 가져다가 부우우

부우우 내 귀는 소라껍데기

들어줄 만도 하잖아요

왜 그래요?

독을 품지 않은 어린 뱀을 돌보며
밤마다 먹구름연못에서 먹을 감는 인생
탕진에 겨워 소용돌이치는 인생에 대고
뼈아픈 소릴 할 것까진 없잖아요
그 입 다물라 할 것까진 없잖아요

행진을 멈추지 않아도 된다고
물오리 배를 따라가도 된다고
물배를 한꺼번에 터트려도 된다고
횟배에 손을 가만 얹어줄 수도 있는 거잖아요

새우잠 한 봉지

어느 날부턴가
무릎뼈를 죈 볼트 너트가 땅바닥에 쏟아졌다오
주워 담을 길 없는 신음이 산지사방 흩어졌다오
희게 꺾인 패랭이꽃 등뼈를 조각조각 맞추다가
베개 없는 뒤통수에 마른 월계관을 괴어놓고
깜빡 잠이 들었지 뭐요

잠결에 얼핏 듣긴 들었다오
밑돌을 빼 윗돌에 간추려 놓은 가게의 입장
무너지다 유탄을 밟아버린 돌담의 노래를

쌀알도 밀알도 너무 고운 먼지가 되어 날아가니까
세밑 달력이 빳빳한 내일의 날짜들을 몽땅 잠가버립디다
소금 호수 한가운데 살던 얼음 궁전이 잠수를 타버리니
 희고 노란 고지서랑 단전과 누수를 일삼는 개구쟁이 살림
살이

밥솥째 내던질밖에

한 주간 일기예보는 흐림, 폭우, 강풍, 굵은 우박
건습구 습도게 머리카락이 모골을 쭈뼛 일으켜 세우니
새봄 저녁엔 벚꽃의 목덜미를 도려내는 면도칼 봄비가
한참을 내립디다
만화경 속 색종이 백일몽이 착착착 잘려 나가고
젖은 포도엔 눈물 없는 몸들이 척척칙 들러붙습디다

당신이 내민 햄 야채빵과 두유 한 곽으로
오늘 날씨가
잠깐 그럴듯하긴 했소
잊은 내 이름이 잠깐 떠오르긴 했소

옆구리가 부은 부호 한 점
비닐 방탄조끼를 입고

벤치 위에 누운 새우잠 한 봉지

밥을 먹지 않아도 배가 고프지 않소

닭털 침낭에 들어가지 않아도 춥지 않소

총알이 비껴가는 목숨으로

장칼에 베이지 않는 목숨으로

부푼 헛배를 둥둥 치며 승전고를 울리는

질소 충전재 망국의 대마왕

빈사의 흑조

욕망의 건더기 빠져나간 창자벽

허공이 잠시 맡긴 빈방이라오

빨강

정오의
장미 군단

오월 울타리
눈매 매운 저격수

방심한 눈으로 돌아다보는 순간
기관단총 난사함

홍채를 타격해 태워버림
벼락 섬광에 눈 까맣게 태워버림

포연은 있으나 폭발음은 없는
이상한 전쟁터

연잎을 보다

우리 심청 어디쯤 살고 있나
고개 수그리고 들여다본
용궁 나라

수초와 이끼 흐릿한 연못물엔
살진 비단잉어 왕자들
일몰 하늘에 별이라도 띄우려는지
제 몸에 걸친 비릿한 붉은 반점을
뜯어내고

수면 위엔 귀기 서린 연잎 치마
둥글둥글 스란치마
인당수 푸른 물에 뛰어들었다가
다시 떠오른 치맛자락

한 발은 현실 문지방에

또 한 발은 전생 어디쯤에

별 뜨락 말락 저물녘 오죽헌에서

꾸는 호접몽

벚꽃 블루스

고개랑 가슴이 자꾸 하늘 쪽으로 치솟아 오르니
턱을 내밀고 도도하게 걷게 돼요
봄날 햇살 아래
휘황한 모자를 쓴 만조백관이 늘어선 길을 걷자니
쇤네 전생에 기품 넘치는 황후였지 싶어요

달콤한 솜사탕을 뜯어 먹고
순진한 소가 되었어요
여린 여물을 먹었더니
연분홍 워낭이 목둘레에 돋아나 노래해요

천국의 시절이니
베일 커튼 길게 늘어진 욕실 문을 열고 들어가
욕조 가득히 거품을 채워 비눗방울 놀이를 할래요
간지럼 타는 꽃 범벅을 휘저었다가 뭉쳤다가 불었다가
파랑새 휘파람 깃털에 끼얹을래요

춤추는 벚꽃 우박으로 타다닥

한참은 더 예뻐진 얼굴을 때릴래요

황홀 황홀 지르밟는 발걸음

종아리의 감촉 지우지 않겠어요

천방지축 뛰어다니는 망아지가 되고 말겠어요

은발이 바람에 나부끼면

은발이 바람에 나부끼면 멋질 거야

갈바람에 나부끼는 억새 같을 거야

은실 쩔그렁거리는 얼굴

밉상은 아닐 거야

흰 머리카락 한 오리

목구멍에서 빼냈어

삼키기엔 너무 뻣뻣한 터럭

삭도 날로 밀어버리기엔

아직은 눈물 번한 꽃자리

지울 수도

감출 수도 없는 오늘

그리고 남은 날

휘몰아치는 삼대 밭 바람 귀때기 새파랗다고

능소화 눈웃음 타래 땅 멀미 말끔 휘어잡았다고

참숯이 타는 바알간 질화로 비밀 많은 목덜미라고
거울을 가로막아선 초로의 여인

염색 그릇을 내팽개치고 허락하리
있는 그대로를 수락하리
기저귀, 호흡곤란, 욕창, 조리돌림

폭풍 뚫고
폭설 헤치고
고향 집을 찾아가리

섬광과 우레를 섬기며
새봄의 연두를 사랑하며
진흙 붕어빵을 구우며

백발마녀 바람에 즐거이 나부끼리

어머니의 수틀

이승의 하루해는 짧고도 팽팽하여라

유릿가루 먹인 갑사 연실 감아쥘 때마다

오므린 입 열어 겹겹 꽃 목숨을 피워내는 수틀

서리서리 똬리 탯줄 낳고 펴

그늘 퍼런 세상

줄넘기 한바탕으로 뛰어넘으실 텐가

목련 배 띄워 날 선 풍랑 잠재워놓고

그윽한 선유로만 노닐다 가실 텐가

둥실둥실 배부른 뒤웅박 장단에 돛대 삿대 맡겨놓고

서편 기슭 어기여차 신명 난 뱃노래로 가닿으실 텐가

우리 모친 구십 인생 살아오실 제

여태 돋보기 없이 맨눈으로 바늘에 실 꿰어

공작 가리개 모란 병풍 백학도 수놓으시고

혼자 사는 그늘 집 적막강산

바늘귀로 한 땀 한 땀 붙들어다

날개 환히 저어가는 새 한 마리

새 두 마리 낳으시고

등대에서 휘파람을

그가 잠든 사이

호랑이 배 속에 자갈돌을 넣었지

꿰매고 나왔지

무거워 일어나지 못하겠지

목이 말라 물가로 나갔다간

물귀신한테 차이겠지

바늘 한 섬을 꽂아 만든

헝겊 선인장에

찔리고 싶은 살점들을

던져주고 나왔지

더러는 선혈을 베어 문

동백으로 피어나고

더러는 하혈에 가망 없는

아기라도 낳겠지

나는 몰라
나는 몰라
까치집을 머리에 이고
잿더미를 뒤집어쓰고

새파란 거 찾아왔어
새빨간 거 찾아왔어

앞니 빠진 휘파람들
다 모여라
바닷가 등대에선 휘파람을
갈매기 모여드는 휘파람을

오래가는 냄새

등잔불 가까이 머리 디밀고
숙제하다가
단발머리 앞머리 그슬렸지
초복 날 동네 어귀
누렁이 태운 털 냄새

키 큰 삼나무밭 지날 때면
삼 나뭇잎 몸 냄새
박하 향인 듯 화한 냄새
옅은 환각을 게워냈었나

개똥벌레 여름밤의 무희들
비릿한 별 조각을 뜯어내어
눈썹에 붙이고 콧등에 붙이고
너울너울 그믐밤을 유영하던
산골 아이

떠도는 몽유

낡지도 않고 지워지지도 않고
오래가는 냄새

누에치기

뜯어온 뽕잎을 마루에 펼쳐놓으면

아이 앉은키를 훌쩍 넘는 언덕

눈앞엔 거대한 초록 사구

다문다문 오디는 덤

산골짜기 달빛 짙어질 때면

누에 씨알 몸피 굵어지느라

잘게 썬 뽕잎 밤낮으로 먹느라

버석버석 와삭와삭 시원한 소리

몸 무거운 놈 잠실 바닥에 털썩 떨어져

눈치 없는 뒤꿈치에 밟히면

푸른 피 투욱 터져 징그럽더니

빼곡하게 들어찬 생솔가지 섶마다

누에 회색 잠을 모셔놓고

방문을 닫으면

고요하여라

고치 집 짓는 소리

은둔자 흰 별채 짓는 소리

조양강 푸른 물에

식구 많은 집 여름은 빨랫감도 많아
똬리 받친 고무 함지에 방망이까지 얹어
둑 아래 장광을 따라 내려갔지
조약돌은 물새알 햇빛에 희게 빛나고
바람결은 순도 높아 슬프기까지 했지

수런수런 흘러가는 강물에 땟국물 헹궈내고
또닥또닥 방망이로 말끔하게 빨아낸 옷가지
갈 때보다 올 때 더 무거운 빨래 함지를 이고
집으로 돌아가는 길

언제 봤나
정선종고 삼층 창가에 녀석들 매달려
거울 놀이 히히히 두 눈에 비춰대도
꼼짝 못 할 빨래 함지 가엾은 볼모라
섬 그늘 달려 집으로 가는 어미 모양

부리나케 발만 옮겨 떼었지

숯불에 덴 얼굴을 툇마루에 쏟아놓고

빨래 함지 내팽개치고 울고 울었지

정선여고 이학년 여름방학 때

조양강 푸른 물에 빨래 빨던 얘기는

다용도실 드럼 세탁기

통돌이 세탁기는 꿈에도 알 리 없는

하복 상의 흰 깃에 눌어붙은 다리미 자국

여린 살갗에 찍힌 다홍빛 불도장 같은 거

고향의 강물 잦아들었는지는 몰라도

찾아가도 낯선 얼굴로 내외할는지는 몰라도

조양강 푸르디푸른 물에

옷 입은 채로 한번 빠져봤으면

풍덩풍덩 물장구 시원하게 쳐봤으면

주름살 구석구석 찌든 땟국물

환한 물살에 몸뚱이 푸지게 헹궈봤으면

낙화

청산에 뼈 삭히는 구름 떨기

은모래 술술 달을 허물어

깨트린 옥합

흰옷 갈피마다 향유로 엎질러져도

머리채 풀고 주저앉아

호곡은 말 일이다

원망일랑 손발 묶어도 해해 풀리는

바람의 포승줄만큼만

수심일랑 깨끗한 백골에 괸 빗물

그 위에 잠시 뜬 먹구름만큼만

지닐 일이다

염천

폭발하는 태양의 파편을
앞치마 가득 쟁여 안고
성곽 아래로 투신한다
적장의 두개골이 갈라진다
되살아난 대첩의 환영
불 수레를 몰아
외곽 드넓은 맹지로 나간다

찐득찐득 맨발 빠지는 팔월
무더위에 얼굴이 짓무른
해바라기밭 주인을 적발해
몇 뙈기 남은
생업을 몰수한다
내리막길 퀭한 살림살이
드난살이 일격에 작파해
폐허의 인기척을

성단의 제물로 바친다

최후의 빙하를 헛바닥으로 핥으며
갈증으로 목이 타는 계절
온갖 누더기 쓰레기 찌꺼기 토사물
게워내고 태워내고 떠나보낼 궁리로
몸이 후끈 달아오른 새파란 대홍수

여인이여,
이 불모래 폭우가 그치고 나면
격랑의 격앙의 재앙의 재난의
해일의 양수 속에서
파도타기
광대한 지느러미 미끄덩미끄덩
옆구리에 두르고 항진하자

죽은 뱀 껍질 수북한 고택의 물동이에

우후죽순,

새로 돋은 극지의 빙설이 담기면

설원의 찬바람에 얼굴을 파묻고

볼살 흔들리도록 깨끗이 웃어보자

3부

물 뚝뚝 흐르는 알몸

새해

보신각 종은 울리는데

아직도 뻘밭에 빠져있는

두 다리를 어찌하나

죽어라 뛰어도 여전히 황천행인

흉몽의 발바닥을 어찌하나

이쯤에서 팽개칠까

싹둑 끊어버릴까

어둠의 생 배를 째고

덜 익은 아기 하나

덜컥 낳아버릴까

보신각 종이 거룩하게

거룩하지도 않게 울다 지치면 그뿐

칠이 벗겨진 새해 아침 개다리소반 위엔

슬픔의 망망대해만 출렁이더이다

여명

박꽃 같은 바람이 불면

흔들리는 이마

맑음 속으로 자맥질하는 나의 별

어둠을 지새운 눈썹이

녹는 하늘 모퉁이

가슴에 얹힌 돌멩이도 들어내고

껄끄러운 잠 속에 박혔던 가시도 골라내고

해야

맑은 해야

솟는구나

지난밤 천둥벌거숭이

동토를 헤매다 지친 고무신 속에도

가득 고이는 약수

그 청정한 가슴 솟는구나

성남동 옛집

윗집은 콩나물공장이라

검은 보자기 덮어쓴 콩나물 애기들

대낮에도 쌔근쌔근 잘도 자더니

아랫집은 순대 공장이라

하수도 틈새로 돼지 대가리 삶은 핏물

헛구역질 사철 내내 시치미 떼고 잘도 흘려보내더니

앞집은 점쟁이 박수무당네 집

징 소리 꽹과리 소리 중얼중얼 귀신 씨나락 까먹는 소리

가까운 지붕 먼 지붕 가리지 않고 이마를 쳐대더니

기다란 대나무 장대 꼭대기에 오색비치볼을 매달아

초행길 손님도 반색하며 찾아오게 하더니

언덕배기 건넛집은 건어물 덕장이라

새파란 하늘에 비행기 띄우듯

가을바람에 코를 꿰어 가오리 홍어 잘도 말려내더니

우리 집은 그중 번듯한 이층집

뻐기듯 촘촘 타일을 두른 집이라

저녁이면 젊은 부부 옥상에 올라

별 바라기 달 바라기

펼쳐진 미래를 눈앞에 끌어당기다가도

사느니 못 사느니 쌈박질 제법 하더니

딸 아들 낳고 밥도 고봉으로 먹더니

그도 저도 늙어버린 세월 따라

멀리멀리 흘러가 버린 쪽배

그리운 문패 성남동 55-11번지

서른아홉 살

청색 입술을 다물고

애증으로 벼른 단도를 품고

자객 도둑괭이 방화범 외팔이 쥐며느리

그림자 겹치는 후미진 뒷골목을 숨어다녔지

어둠의 자식들이 다 내 새끼인 줄 알았지

밤의 고아원에서 검은 젖을 훔쳐다

배 터지도록 먹이는 게 자랑인 줄 알았지

그늘을 좀 더 많이 먹어치웠더라면

눈시울 넓혀 물새가 걷는 강 언덕을 따라 걸었더라면

자작나무 수런대는 산등성이를 토끼처럼 넘어봤더라면

햇빛 넘치는 금 모래밭에서 조르바처럼 춤췄더라면

그때

양지쪽 향한 한 걸음 그토록 어려웠나

누가 뭐래도 백금과 다이아몬드 광물이 쏟아지는 나이
흙탕물을 퍼다 밀주를 담가도 푸른 달항아리엔 별이 한가득
있는 그대로가 재산인 나이 어여쁜 눈 코 입 다 몰라보고

억압

보시라

이 가을에

흉노족이 말을 타고

흉터 흉몽 흉가 흉년 흉물 흉기 흉사

온갖 흉한 것들을 데리고 물밀듯 쳐들어오는 것을

이 가을에는

누구와도 흉금을 터놓고

정담이나 밀담을 나누지 마시길

터줏대감으로 눌러앉은 귀뚜라미가

당신들 나눈 말 귀둘뀌둘 어설피 흉내 내다가

사람 탈을 눌러쓰고 외로운 눈물이라도 흘릴까 봐

등불 아래 시집을 펴놓고 가갸거겨 읊기라도 할까 봐

밤은 깊고

닦아낼 게 너무 많습니다

젖은 수건으로 닦아낼 얼룩이 많다는 건

무주공산에 외동딸로 떠 있는 달님을

너무 자주 쳐다본다는 뜻

낭패감으로 남은 몇 개의 오진 기억은

흉노족 말안장 밑에나 깔아놓읍시다

싹둑싹둑

적산가옥

문 열고 들여다보니

썩은 물에 잠겨 형체 없이 뼈가 녹은 것도 있지만

그때 그 자리 말문이 막혀 입도 뻥긋 못한 것

사색이 되어버린 것 가슴을 땅땅 치고 싶은 것

퉁겨져 밖으로 나가는 순간 따발총 쏘듯 쏘아붙일

항변이며 물어뜯을 송곳니며 달려들어 휘어잡을

멱살잡이며 머리끄덩이며 채찍이며 오랏줄이며 족쇄며

절그럭거리는 쇠사슬이며 비탄이며 도탄이며

오래 묵은 채 그대로 있구나

숨이 턱턱 막힌 채 그대로 있구나

싹둑싹둑

싹둑싹둑

싹둑싹둑

싹둑싹둑

싹둑싹둑

서슬 시퍼런 낫
썩썩 잘 드는 작두날로
벼멸구 송장 메뚜기 후드득 튀는
황지의 기억을 자른다
새벽이야 밝아오건 말건
여물을 썬나

물 뚝뚝 흐르는 알몸

바람에 온몸의 피를 수혈하고
절벽 아래 순절하는 동백처럼
결사적으로 아름다울 수 있다던가
자기 파괴의 암시만으로도 뻥 터질
유쾌한 풍선 바람 주머니를 지닐 수 있다던가
일그러진 물거울 속에 한 벌의 남루를 내던지고
시방 너는 어둡다

오장육부에 그득한 죄를 뭉쳐서
죄를 불려서
죄를 비벼서
맑은 물 나도록 헹구면
쓴 물 나도록 헹구면
신물 나도록 헹구면

팔을 뒤로 꺾어도

목덜미를 비틀어도

무릎을 꿇려 쥐어짜도

곱사등이 곰배팔이춤으로

두 손 싹싹 배뱅잇굿으로

너의 맹목은 즐거울까

햇빛 좋은 날

바지랑대 끝 하늘 높이 치켜세우고

물 뚝뚝 흐르는 알몸

빨랫줄, 이 끝에서 저 끝까지 팔다리를 끼워

진종일 순백의 바람에 내다 말리면

이 목숨

뽀얀 무명 배냇저고리 한 벌로

다시 태어나려나

오, 기쁜 날

마음아

오징어 타는 냄새라도 좀 풍기며

타지 그래

지글지글 징글징글

소리라도 좀 내며 타지 그래

석쇠 위에서 세세연년 불타다

오그라질 대로 오그라지다

일그러질 대로 일그러지다

버팅김 안간힘 다 끝내는 날

마침내 이루었도다

찌꺼기 불티 절굿공이에 찧어져

인적 없는 바닷가

품 너른 나무 밑동 어디쯤에서

신분세탁

증거인멸

갈매기가 되어 날아가는 날

속이 다 시원해지는 날

팽이

서쪽으로 날아가는 까마귀

우울한 그림자

저녁은 마왕의 술을 마시고 나타나

시시각각 제 검은 영토를 넓힌다

세상 끝에서 한 죽음이 깨어나

우리를 부른다

찢긴 가슴과 잃은 날개의

검푸른 원망

삭풍으로 휘도는 계절

그대 잃어버린 고향의 정점이여

펑펑 쏟아지는 눈발 헤치면

등불 아래 살아있는

청보리처럼 떠올라라

날마다 발 적시는 치욕의 진흙탕

뛰어넘어

물안개 뿜어 올리는 한 송이

영롱한 연꽃으로

삭발한 그믐밤 이마마다 서리서리

후광을 얹은 달개비꽃으로 현신하라

유년의 오색 팽이여

그대 굳은살 박인 박달나무 영혼도

한때는 아름다웠으리

울 너머 참나무 숲에 해 낳으러 가는

물새 팽팽하게 봄 젖힌

능금의 탄력으로

첫새벽 문고리 흔드는

장닭의 빛 울음으로 영롱했으리

이 빠진 숭늉 사발도 넉넉히 감싸던

옥양목 햇살로 포근했으리

눈부신 춤 잃어버리고

얼음구덩이에 알몸으로

쓰러져 누운 동사체

이제는 우러러 참회할 하늘도 없는

미궁의 눈망울 팽이여

금계랍을 먹어도 소름 살 돋는

말라리아

오늘도 햇빛은 깊은 병중에 있으니

빙하기의 노래 개떼처럼 밀려와

그대 오장육부 우둑우둑

식은 뼈마디로 분질러 버리면

능욕당하는 날빛의 아침으로

겨울은 까무러친다

귀뚜라미

잡목 숲에서 서걱대는 바람으로
낯선 거리에서 늙어가는
나귀의 굽은 등으로
눈물 글썽이는 나날 위로
말갛게 켜지는 불빛
고향 집 그 부드러운 하늘가
별자리 하얀 꽃밭에 눕는
어린 몸뚱이

황혼 무렵에 우리는

들리지 죽은 괭이가 지붕 위를
뛰어다니는 소리
눈썹 성긴 서릿발이 조심스레
과수원 뒷문을 통과해
그해 마지막 곯은 사과의 생손을
따줄 때
마을 성문이 굳게 닫히고
굴러가는 수레바퀴가 세상 아래로
헛발을 내딛고
무릎을 접은 나귀가 아무것도
먹지 않은 채 눈을 감을 때
보이지 까맣게 까맣게 늙어가는
시간의 주름살
보이지 무소의 머리에 밧줄이 내리고
근육과 기름과 선지피로 해체되는
한낮의 노동 단순하게 떨어져 나가는

발가락 목울대가 없어도 어디론가
꾸역꾸역 먹혀드는 식은밥 덩이
기억하지 부질없이 돌아오는
망자의 제삿날
못 견디게 눈 홉뜨는 공복을 거느리고
아귀처럼 덤벼드는 피로를 거느리고
황혼 무렵에 우리는 솟아오르지
뭉게뭉게 슬픔 위로 솟아오르지

정오

목이 찢어져라 울던 말매미

푸드득 나무를 떠난 후

고요히 여름이 떠오른다

눈썹도 그림자도 없이

코카서스 산정으로 밀려드는 해일

달리의 늘어진 시계

광대뼈에 매단 채

듬성듬성 정박한 구름 함대

개미 한 마리 없는 흰 운동장

바람이 불모래 속에 혀를 박고

아열대의 삼림을 지울 때

생도의 도시락 반찬이 시나브로

상해가고 백묵 쥔 선생의 손에

진물이 흐르고 시궁창 속 쥐꼬리를

건져 올리던 한 사내의 손이

갈고리 쇠 손으로 틀어져

제 목을 조른다

모든 주검은 멸치 대가리 뜯어 먹듯

하나 아프지도 않아 뜬눈

부패한 애인 몸속에서 피어나는

거대한 해바라기

다시 나뭇잎이 출렁이고

속사포로 쏟아지는 말매미의 노래

일요일

화창한 날씨죠

산 위를 지나는 구름이 헬멧을 벗었군요

새들이 청음을 높이며 하늘을 날구요

반짝이는 피크닉 행렬로 눈뜬 베란다 꽃들이

햇살표 아이섀도우를 펴 바르는 좋은 아침

바라다보면 가슴이 다 저릿해져요

고개 들어 우러러야 만나지는 이웃, 먼 이웃

하느님, 그들의 식탁에 정갈하게 놓인

식기와 냅킨 나이프와 포크

잘 닦인 은제의 우유도 한 잔

당신이 보살피고 주관하시는

마이더스 아파트도 한 잔

그리고 내려다보세요

밤이면 고향 찾는 은하수

판자로 지은 몸을 짊어지고

힘겹게 오르는 언덕

물가고에 무릎을 다치는 아버지의 꿈을

바람 불면 허공중에 타는 벙어리 혀로

말 못 하는 자 비애의 눈망울

굴러가는 소리도 우우우

풀잎 몰면서 울기도 하는 것들

변두리 동네

비울수록 들어서는 상처 속 고름 같은

가난을 보세요

화진포

그 바다의 물결에 발목을 잡히던 날
열대의 태양 숨찬 얼룩말들이
초원을 내달려 바다 건너는 것 보았네
갈채 뜨거운 정오의 소낙비
진홍 비늘이 일어서는 젊은 우리는
팔목마다 고리를 엮고 물길을 거슬러
거슬러 올라가 보았네
그대 들끓는 심장을 지닌 사람아
뜨거운 목숨을 껴안고
우리 손과 발이 함께 녹아
서슬 이는 파도 높이로 숨차다가
저 어족의 주검 곁에 마지막 산호를
깨물며 누울래
지난여름의 패각은 파란 귀를 달고
모래 위를 스치는 시간
이제 바다는 혈맥 속에서 낮게 뛰놀고

남은 꽃들이 이마를 짚는

오오 사루비아 피의 소용돌이

우리 방황하는 영혼끼리 어느 시공에선가

부딪는 따뜻한 찰나의 꽃

그 곁에 서겠네

보자기

누름돌이 아니야

튀어나온 의자 못이 아니야

마른하늘 날벼락이 아니야

치욕이 아니야

처참이 아니야

우겨쌈이 아니야

과부 보쌈이 아니야

피투성이 멍석말이 아니란

아니란 말이다

나는

너를 끌어안으려고 태어난 몸

품에 안고 어르려고 태어난 몸

자주 삼켜도 녹지 않는 대못

저물녘에 푸릇한 뭇별로 떠오르네

오랍 뜰 대파처럼 세상 싱싱하게
자라나네

인생아
도톰하게 머리 여문 아기장수야
투구랑 갑옷이랑 쓰다듬어줄 게
메밀껍질을 뒤집어쓴 날들이
우수수 풍진 세상에 들이닥치면
남김없이 몽땅 먹어치워줄 게
화살촉이 으악 날아와도 막아줄 게
도리깨질이 날아와도 눅신눅신
진탕 맞아줄 게

이 마음의 다짐을 풀지는 않을 게
이 마음의 울혈을 끄르지는 않을 게

흉금

고추부각 만들려고
파란 고추 배를 가른다
고추 뱃속은 참 간단하다
씨앗만 가득하다
흉금이란 게 없다

※ 해설

어긋물림의 방식으로 표현되는 경험적 총체의 시

정명교(문학평론가)

1. 경험적 총체의 구성물

 유동희 시를 도드라지게 하는 가장 큰 특징은 거침없음이다. 그의 시는 생각과 감정이 장마 끝의 큰물처럼 쏟아진다. 도도하게 흐른다. 감정의 격류다.
 통상적으로 비평가들은 감정의 직설직 토로를 경계한다. 시는 감정의 정제이기 때문이다. 다스리고 승화시켜야 한다. 그러나 그런 교과서적인 요구를 하기 전에 시 자체를 주목해야 할 것이다.
 우리가 정말 경계하는 것은 감정 자체의 강도가 아니라 그것의 진실성이다. 대체로 격한 토로일수록 과장이기 쉽다. 그러나 순수한 진심일 수도 있다. 스포츠에서의 환호를 보라. 때문에 우리는 직정과 직설을 비판하기보다 그것이 분출하기까지의 과정을 살펴보아야 한다. 그 점을 확인하기 위해 그의 시적 출발을 알리는 시를 읽어보기로 하자.

이제는 시시하고 사소한 밥이 입에 맞으며

흉악하고 앙칼진 꿈이 눈에 맞으며

눈비 맞아 마음 저린 옷이 몸에 맞으니

모래 무릎으로도 벼랑 끝 기어오를 수 있고

썩은 서까래로도 아흔아홉 칸 지붕 올릴 수 있고

쇠막대 버린 바늘로도 색동저고리 설빔 꿰맬 수 있다

살아있는 동안 너여,

상처 속 고름 주머니를 풀어

동짓달 가마솥에 넘치도록 쇠죽을 끓여라

불타는 죄의 아궁이에 청솔가지를 지펴라

구들장을 태우고도 남을 불의 애욕으로

앞산 뒷산 소나무 때려눕혀라

살아있는 동안 너여,

마른 수수팥떡 갈애의 목젖이여,

부뚜막에 걸터앉아 소금단지 왕소금을

물 없이 세세만년 찍어 먹어라

―「시의 잔등에 올라타다」 전문

이 시는 시에 입문한 사람의 이점과 시적 방법론을 알리고 있다. 우선 그는 시에 입문한 사람은 "이제는 시시하고 사소한 밥이 입에 맞으며/ 흉악하고 앙칼진 꿈이 눈에 맞으며/ 눈비 맞아 마음 저린 옷이 몸에 맞"는다고 말한다. 이 시구를 시인이란 "시시하고 사소한 밥", "흉악하고 앙칼진 꿈", "눈비 맞아 마음 저린 옷"을 밑천으로 삼아야 한다는 다짐을 지레 읽어서는 안 된다. "이제는"에 주목하면, 방금 나열한 부정적 삶의 세목들은 실상 시인이 되기 이전부터 일상적 삶의 내용이었다. 시인이 되기 이전에는 그런 것들이 자신에게 맞지 않고 괴로움만을 안겨주었다. 그런 심사를 '시인의 말'에서 직설적으로 드러내고 있다.

> 짐꾼 나귀가 걷는 벼랑길
> 추락의 내부는 아무 날에나 있다
> 돌이 굴러떨어지는 소리 귀에 가득하다
> 아무런 위안이 되지 못하는 날들

그런데 "시의 잔등에 올라"타니, '이제는' 그것들이 입맛에 맞는다. 왜냐하면 시의 유용한 재료가 되었기 때문이다. 거칠었던 삶의 실질들뿐만 아니라, 그로 인해 감내해야 했던 마음의 상처들도 자신이 반죽할 질료들로 변신하

였다. 그래서 "살아있는 동안 너여,/ 상처 속 고름 주머니를 풀어/ 동짓달 가마솥에 넘치도록 쇠죽을 끓"이겠다는 것이다.

이런 사연을 들으면 유동희 시의 거칠음은 감정의 과장이 아니라, 사실성에 가까운 것이 된다. 다만 우리는 한 번 더 물을 수 있다. 생활인 유동희가 겪었던 "위안이 되지 못하는 날들"의 체험은 얼마나 진실성을 담고 있는가? 왜냐하면 체험 자체도 마음의 관통로를 거치는 동안 변용되기 때문이다.

이 물음에 대한 명확한 답을 유동희 시에서 찾기는 힘들다. 그의 시가 묘사하는 사실들은 이미 마음의 통로를 지난 것들이 태반이기 때문이다. 그러나 바로 이 현상 자체가 그 답의 재료이다. 이런 시구들을 보자.

> 도마 잔둥이 내뱉은 핏빛 물방울을
> 몇 순배 모주에 섞어 마신
> 인생을 곡진하게 믿으며
> 울음을 아껴 참았던 자들이
> 울먹울먹 모여드는 장마당
>
> 내 몸속에는 까마득히 젖은 눈으로

구천을 떠도는 눈물과

불 꺼진 마을을 지나는 야경꾼 딱따기소리와

닳아 뭉툭하게 엎딘 한낮의 구두창과

수다스러운 입질로 모가 난 배고픈 사랑이

한 덩이로 뒹군다오

—「하늘정원」 부분

  인용문은 한국 농촌 장마당의 일상적 풍경을 배경에 깔고 있다. 여기에 모여드는 사람들은 고생을 많이 해서 설움이 많은 사람들이다. 아니, 그렇게 전제된다. 그 전제는 객관적 시선의 판단으로 볼 수도 있지만, 실제로는 장마당에 모여든 사람들 자신의 판단이다. 이런 주관적 심사는, 아니 좀 더 정확히 말해, 주관적 심사를 객관적 사실로 인지하는 마음의 경향은 한국인들에게 체질화된 마음의 경향이다. 가령 신경림의 절창 「농무」에서

(…) 이까짓

산구석에 처박혀 발버둥 친들 무엇하랴

비료값도 안 나오는 농사 따위야

아예 여편네에게나 맡겨두고

와 같은 시구를 읽을 때 독자의 가슴을 울리는 것은 "산구석에 처박혀 발버둥 친들" 아무 소용 없는 팔자와 "비료값도 안 나오는 농사 따위"일 것이다. 그런데 이러한 체험은 객관적 사실인가, 주관적 구성인가. 이런 물음 앞에서 '다수의 경험'을 근거로 객관적 사실로서 주장하는 건 논리적 오류를 담고 있다. 왜냐하면 그 경험 자체가 그들 자신의 실천의 산물이지 바깥으로부터 일방적으로 주어진 것이 아니기 때문이다. 그러므로 그 실천의 결과를 두고서 '농사 따위'를 "아예 여편네에게나 맡겨두"는 행위는 그 사정을 이해한다 하더라도 정당화될 수는 없는 것이다. 화자의 부인 역시 같은 회로 속에서 유사한 경험을 배가할 것이다.

물론 실천의 산물이라고 해서, 즉 주관적 구성이라고 해서, 그것이 편견이라고 말하는 것은 아니다. 지금 초점이 되는 것은 다수의 경험이 주관적 반응을 거쳐 재주물된 덩어리가 그 자체로서 경험적 사실로 전화되는 현상이다. 이 현상을 인정할 때 다음에 할 일은 이 현상을 성찰의 대상으로 삼는 것이다. 그 의제에 대해 앞 인용 시구는 적절히 부응한다.

내 몸속에는 까마득히 젖은 눈으로

구천을 떠도는 눈물과

불 꺼진 마을을 지나는 야경꾼 딱따기소리와

닳아 뭉툭하게 엎딘 한낮의 구두창과

수다스러운 입질로 모가 난 배고픈 사랑이

한 덩이로 뒹군다오

와 같은 진술은 시인이 겪은 모든 사실과 감정을 '한 덩이'로 뭉쳐서 일종의 '경험적 총체'로 만든다. 따라서 여기에는 방금 「농무」에서 본 바와 같은 자기 연민과 위로만이 있는 게 아니다. 오히려 여기에는 자기 연민과 더불어 자조와 자기비판 및 희롱까지 복잡하게 섞여 있다. 궁극적으로 이런 경험적 총체는 시인 자신에 의해, 전반적 반성의 도마 위에 놓인다.

안개 서린 늪지를 헤매는 망령

외진 나뭇가지에 올라 구름 아래

잠든 마을을 내려다보는 망령

세상천지 봉두난발로 발버둥 치는 망령

그러나 자신의 경험적 총체를 '망령'이라고 지칭한다고 해서, 시인이 이를 오로지 분석적 대상으로 떼어놓고 있다고 보아서는 안 된다. 이 망령은 "잠든 마을을 내려다보는 망령"이다. 여기의 '마을'이 내 몸속의 마을이니. 이 망령은 자신을 내려다보는 망령이다. 이 경험에 참여한 주관의 자기 연민은 '자기 위안'으로 작용하는 것이 아니라, 오히려 경험의 분석을 대상 분석이 아니라 체험적 분석으로 만든다. 즉 분석 자체가 체험이 되는 것이다. 따라서 이어서 나온 진술 "세상천지 봉두난발로 발버둥 치는 망령"은 그러한 자신에 대한 비판이면서 동시에 그러지 않기 위해서는 무엇인가를 해야 한다는 촉구이면서, 그 촉구를 자기 자신에게 적용함으로써 생기는 다짐이기도 하다.

유동희의 경험적 총체는 체험과 감정이 한 덩어리가 되는 경험이며, 동시에 주체와 대상이 한 덩어리가 되는 경험이다.

2. 어긋물려 포개는 기술

그렇다면 이런 경험적 총체를 시는 어떻게 감응의 회로 속에 넣는가? 즉 그 방법론은 무엇인가? 그 답의 실례를 요약적으로 보여주는 시구를 소개한다.

곳곳에 곳집,

… (중략) …

혼자 먹기엔 너무 기다란 젓가락, 먹여주기엔 너무 짧은 젓가락

허기가 뱃가죽을 들이마셔도 소금사막의 소금 포대는 낙타 등에 올라탄다

바람은 무성한 풍문을 땋아 가발집 민머리 주인의 결핍을 수북하니 채워주고

입에 담지 못할 전쟁은 일어나고 참화는 배후를 밝히지 못하고

빌어먹을 명분은 부화기 속에서 왕대포알을 깐다

—「곳간과 곳집」 부분

기본적인 메시지는 곳간과 집이 구별되지 않는다는 것이다. 그 전언을 위해 '곳집'이라는 어휘가 동원되었다. 이 곳집의 기묘한 특성은 주체와 대상의 엇물림이다. 제2행은 두 개의 구절로 이루어져 있는데, 둘 다 주어가 '젓가락'으로서, 이 주어를 명사화했다. 두 개의 구절을 분리하면 다음과 같다.

(1) 이 젓가락은 혼자 먹기엔 너무 기다랗다.
(2) 이 젓가락은 먹여주기엔 너무 짧다.

 독자의 첫 번째 의문은 이 젓가락은 같은 젓가락인가? 라는 점이다. 그것을 알려면 이 문장들의 숨은 어휘들을 보충해야 한다.

(1) 이 젓가락은 (내가) 혼자 먹기엔 너무 기다랗다.
(2) 이 젓가락은 (너에게) 먹여주기엔 너무 짧다

 이렇게 완성시키면 두 구절의 주어는 같은 젓가락임을 알 수가 있다. 이 젓가락이 '나'에겐 길고 '너'에겐 짧다는 것이다. 그런데 이 표현은 어색하다. 어떻게 하나의 젓가락이 나에겐 길고 너에겐 짧을 수 있는가? 나는 난장이고 너는 거인이라는 말인가? 이를 상식적인 문장으로 바꾸어 보자.

(1) 이 젓가락으로 먹을 음식은 내가 혼자 먹기엔 너무 많다.
(2) 이 젓가락으로 먹을 음식은 너(희)에게 먹여주기엔 너무 적다.

여기에 와서 독자는 이 시행의 '바탕 의미'를 이해할 수 있다. 이것은 '나'의 능력에 관한 것이다. 내 능력은 나 하나를 건사하기엔 넘치나, 다른 사람들을 도와주기엔 부족하다, 라는 뜻이다. 그렇다면 표층 문장의 변형은 왜 일어났나?

우선 '음식'을 '젓가락'으로 변용시켰다. 이것은 대상을 주체화하기 위한 절차에 해당한다고 볼 수 있다. 주체화가 완결되기 전에 중간에서 멈췄다. 그 멈춤의 결과로 '음식'은 '나'와 '너(희)'가 되지 않고, '젓가락'이 되었다. 이 효과는 무엇인가?

우선 '나'와 '너(희)'의 분리가 발생하지 않았다는 것이다. 대상의 단일성을 보존했다. 다음 '젓가락'은 주체가 아니라 주체와 대상 사이의 매개자이다. 일종의 시냅스이다. 매개자가 중심이 됨으로써, 실체가 아니라 운동이 요점이라는 걸 가리킨다. '나'의 능력, '너(희)'의 빈곤이 중요한 게 아니라, 능력과 빈곤 사이의 교류가 중요하다는 것이다. 이 교류의 위치에서 보면 '나'와 '너(희)'는 모두 현실태가 아니라 잠재태로서 의미를 획득한다. 즉 현실태로서 '나'는 넘치면서 동시에 모자라는 모순적 존재다. 그러나 잠재태로서 '나'는 이 모순의 상태를 넘어서는 무언가가 되어야 할 것이다. 또한 현실태로서 '너(희)'는 결핍된 존재들이다. 그러나 '나'에 비추어져서 '너(희)'는 무조건 자신의 결핍을 억울해하고 도움을 호소해서는 안 된다. '너(희)'가 결핍으로부터 충족으로 존재 전이를 하려면 '나'와 마찬가지로 무언가를 해야만 한다.

그러니까 '젓가락'의 기능은 주체와 대상을, 그 서로 다른 양상을 엇물리게 해서 둘 모두 공히, '새 존재'로 재탄생하기 위한 잠재성을 내장할 여백을 만들어주는 것이다. 그렇게 해서 이어지는 시행들의 미묘한 진술들이 꿈틀대며 솟구친다.

    허기가 뱃가죽을 들이마셔도 소금사막의 소금 포대는
    낙타 등에 올라탄다

라는 제3행은 '너(희)'의 존재가 변환되기 위한 근거를 제공한다. '낙타'를 보라!라고 가리키는 것이다.

    바람은 무성한 풍문을 떯아 가발집 민머리 주인의
    결핍을 수북하니 채워주고

라는 제4행은 좀 더 복잡하다. "민머리 주인"이라는 표현을 통해 대상을 주체로 전이시키고는, 그가 주체라면 현재의 결핍을 채울 가능성을 "바람"을 통해 알아야 함을 환기시키는 한편, 그러나 "무성한 풍문"이라는 표현을 통해 그런 '너(희)'의 분기가 즉각 정당성을 가지는 것은 아님을 암시한다. 왜냐하면 대상의 주체됨, 요컨대 『성경』에서 말씀하시기를 "나중된 자가 먼저 된다"라는 잠언이 진정성을 획득하려면 '됨'의 과정이 정당성을 얻어야 하는 것이다. 이른바 '주인과 노예의 변증법'(헤겔)을 넘어야만 하는 것이다. 그걸 넘어서지 못할 때,

    입에 담지 못할 전쟁은 일어나고 참화는 배후를 밝히지 못하고
    빌어먹을 명분은 부화기 속에서 왕대포알을 깐다

  여기에 와서 존재론은 정치학과 만난다. '됨'이 '함'과 결합하는 것이다.
  주체와 대상을 어긋물려서 꼬는 이런 시학을 뭐라 이름할 수 있을까? 어쨌든 이 방식을 통해서 시는 대상 사건의 전모를 통째로 드러낸다. 그 안에 주체와 대상이, 원인과 과정과 결과가 뒤엉켜 현상된다. 유동희 시의 격렬성은 그런 특별한 시적 방법론의 특징적 양상이다.
  다만 뭉친 것은 해체될 때만이 이해와 음미의 길을 연

다. 등단 이래 그의 시가 거의 이해받지 못한 것처럼 보이는 것은 해체의 요구가 독자에게 떨어지기 때문이다. 독자는 시를 그저 완상하려고만 해서는 안된다. 그것은 시를 소비하는 것에 불과하다. 독자는 시의 경험을 자신의 체험으로 이월시켜 감각하고 그것을 통해서 시의 변형을 꿈꿔야 하는 것이다. 즉 시읽기가 시쓰기로 전환되어야 하는 것이다.

이런 요구를 독자는 쉽게 받아들일 수 있을까? 그렇기 때문에 시 안에 음미를 유인하는 일종의 '미끼' 혹은 '틈새'가 마련되어야 하지 않을까? 덩어리는 해체 가능한 샘플을 내장해야 하지 않을까? 그런 문제는 또한 그의 정치학이 비판적 정치학, 즉 부정에 경도된 정치학이라는 점과도 관련이 있다. 한데 정치의 본래 뜻은 '도시를 이루기 위한 협력 사업'이다. 비판 속에 언쟁이 합의로 나아가야 하는 것이다.

시의 경우, 그 합의는 '독자와의 대화'를 전제로 한다. 그러니까 방금 말한 미끼, 틈새, 샘플은 바로 독자를 시에 내장시키는 방법이다. 그걸 여하히 만드는가가 유동희 시의 옥문관玉門館이다.

그 문 너머 독자의 바다는 너무 넓어서 많은 시들이 그 안에 수장되어 버리곤 한다. 그리고 그 바다는 여느 난바다와 마찬가지로 끊임없이 형세가 변한다. 그 변덕스런 파고를 타고 서핑하는 건 오로지 시인의 솜씨에 달렸을 뿐이다. 달리 말하면 대양으로서의 독자는 무책임하다. 시의 운명을 책임지는 건 오로지 시인뿐이다. 필자는 유동희 시가 그 난바다를 뚫고 '그곳'에 도착했던 적지 않은 역사와 상상 속의 인물들의 목록에 등재되기를 바란다.

현대시학시인선 150

알쏭달쏭을 송알송알 겪어보고

초판 1쇄 발행	2025년 1월 25일
지은이	유동희
발행인	전기화
책임편집	이주희
발행처	현대시학사
등록일	1969년 1월 21일
등록번호	종로 라 00079호
주소	서울시 종로구 계동길 41
전화	02.701.2341
블로그	http://blog.daum.net/hdsh69
이메일	hdsh69@hanmail.net
배포처	(주)명문사 02.319.8663
ISBN	979-11-93615-26-3 03810

○ 책값은 뒤표지에 있습니다.
○ 이 책의 판권은 지은이와 현대시학사에 있습니다.
   이 책 내용의 전부 또는 일부를 재사용하려면 반드시 양측의 서면 동의를 받아야 합니다.
○ 잘못 만들어진 책은 구입하신 서점에서 교환해드립니다.